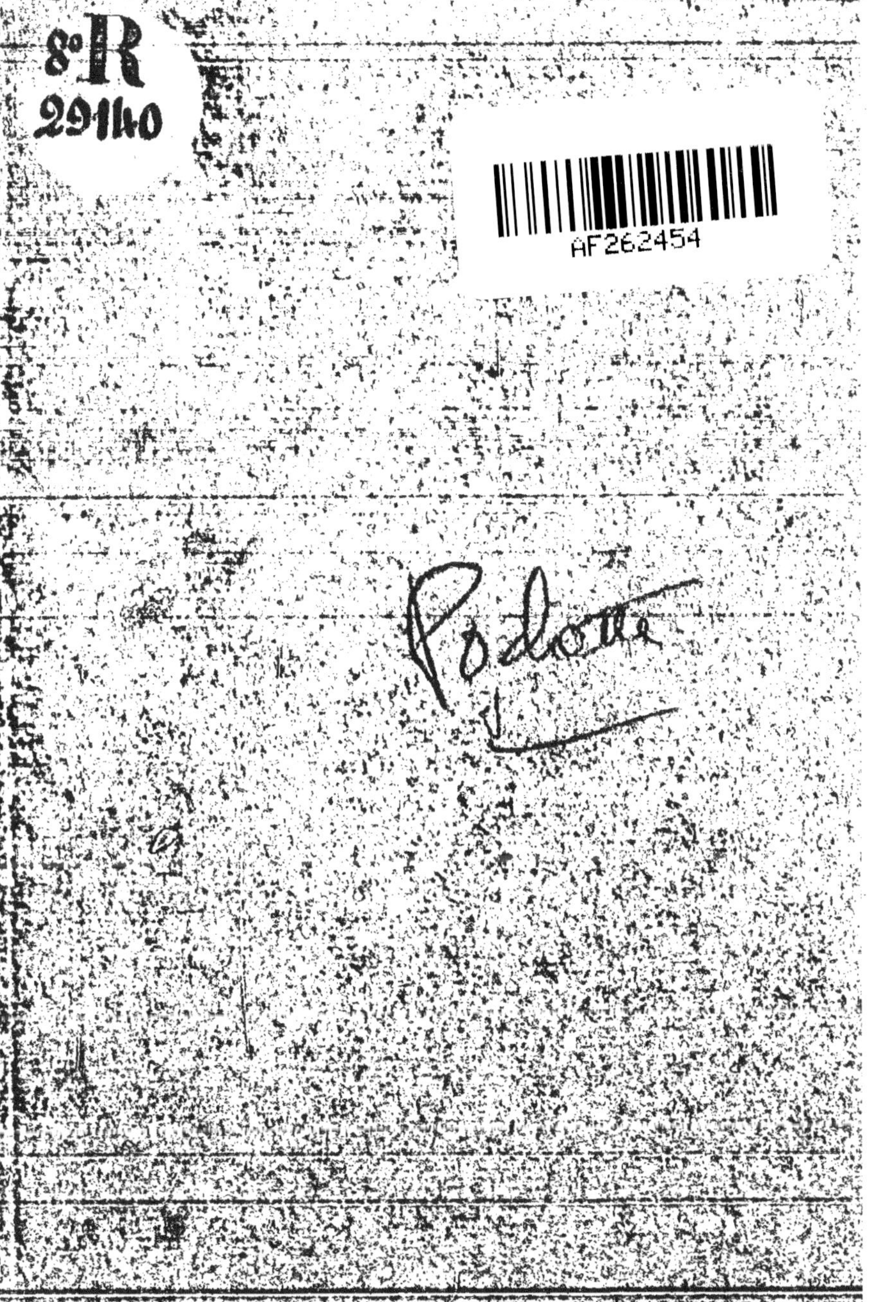

PUBLICATIONS DE L'INFORMATION OUVRIÈRE ET SOCIALE

N° 1

LA RÉVOLUTION ÉCONOMIQUE

PAR

A. MERRHEIM

RÉDACTION ET ADMINISTRATION
DE L'INFORMATION OUVRIÈRE ET SOCIALE

LA RÉVOLUTION

ÉCONOMIQUE

PAR

A. MERRHEIM

INTRODUCTION

Quand j'arrivais à Corbeil le 10 janvier dernier, je
ne pensais pas qu'on aurait sténographié les paroles
que j'allais prononcer dans la réunion.

Quand j'ai connu la sténographie de ce discours, j'ai
longtemps hésité avant de consentir à ce qu'elle soit
rendue publique.

Il a fallu toute l'amicale et persistante insistance de
mon ami Dulot pour me décider, en mai dernier, à la
laisser paraître dans L'Information Ouvrière et Sociale.
Non pas qu'il y ait dans ce discours la moindre affir-
mation qui puisse me gêner, au contraire ; mais dans
le trouble présent des esprits, le scepticisme et le désar-
roi des consciences, je craignais qu'il ne soit pas compris.

Je l'ai, sans plus de préparation qu'à Corbeil, repris et
développé à Annecy, à Agen, à Albi, à Lyon, et dans
beaucoup d'autres villes encore, et c'est le contraire
qui s'est produit.

Nombreux sont les militants — surtout parmi les
cheminots —, et les organisations qui m'ont ensuite
écrit, ou demandé de le publier en brochure, parce
qu'il répondait à leurs préoccupations présentes. Mais
ce n'est pas seulement pour leur donner satisfaction
que j'ai fini par accepter qu'on l'édite, c'est surtout
parce que nous sommes à une heure décisive, à un
moment où les militants doivent avoir le simple courage de parler et de ne pas se laisser dominer, ni entraîner par la masse inorganisée, par la foule déchaînée,
poussée dans la rue par la nécessité et réclamant
comme seule satisfaction de ses personnels appétits
matériels des augmentations de salaires.

Les militants doivent la vérité, toute la vérité à la
masse, même si cette vérité doit leur valoir des calomnies et de la haine, beaucoup de haines, cela importe
peu.

Le moment est venu pour les militants de se rappeler le discours de Jaurès à la jeunesse quand il lui définissait la forme de courage que doivent avoir les individus dans la vie et de le mettre en pratique.

«Le courage, leur disait-il, c'est de chercher la vérité et de la dire ; c'est de ne pas subir la loi du mensonge triomphant qui passe et de ne pas faire écho de notre âme, de notre bouche et de nos mains aux applaudissements imbéciles et aux huées fanatiques. »

Or, la vérité, pour tous ceux qui réfléchissent, c'est qu'il apparaît nettement qu'au malaise profond qui agite les masses, les solutions basées uniquement sur les augmentations de salaires sont non seulement inopérantes, mais absolument contraires aux naturelles lois économiques ; qu'il est nécessaire que le régime de la production et de la répartition des produits soit complètement transformé si on veut apporter des remèdes efficaces et durables, et que l'on peut, l'on doit y parvenir par la force de l'organisation.

A l'heure présente, toute augmentation du gain des travailleurs est immédiatement suivie d'une hausse équivalente, presque toujours supérieure, du coût de la vie.

C'est pourquoi il est facile, actuellement, en flattant l'instinct naturel des masses, de se faire applaudir par elles.

Dès la déclaration de guerre, le mot d'ordre des gouvernants à toute la presse fut : « Vous devez être des semeurs de haine » et la presse n'a pas cessé un instant depuis plus de cinq ans de semer la haine. C'est dans le mensonge et la haine, l'égoïsme individuel encouragé, le déchaînement des appétits personnels, que l'on a puisé la force de prolongation de la guerre et qu'on a fait accepter, supporter sa prolongation par les masses ouvrières. Mais ce n'est pas impunément que, pendant cinq ans, on a menti pour obliger les masses ouvrières à haïr, cette propagande a porté ses fruits contraires à ceux recherchés.

Le cœur, le cerveau des individus sont gonflés d'appétits et de haines ; et rien que de haine. D'où un scepticisme, un égoïsme profond et un affaiblissement considérable du sens moral qui fait croire d'une façon générale que l'augmentation indéfinie du salaire signifie l'enrichissement des individus, de l'individu lui-même.

C'est pourquoi les foules vibrent aussi intensément dès qu'on leur parle de relèvement de salaires et de ne pas augmenter, ou de limiter leur production. Il est aisé de se faire applaudir frénétiquement en affirmant aux individus, dans les réunions, que l'on regorge de produits et qu'ils peuvent sans limite consommer, développer leur bien-être et imposer des salaires proportionnés à leurs désirs personnels de consommation et de vie, sans augmenter la production.

A ce langage les foules acclament et délirent, quel que soit l'orateur qui leur parle. C'est l'instinct de la foule, cohue féroce de la rue, qui triomphe parce qu'elle n'a plus qu'une pensée : haïr, et qu'elle a en haine la production et par répercussion le travail. C'est votre besogne, Messieurs, les gouvernants et journalistes ! Résultats de vos cinq années de mensonges à jet continu, d'excitations à la haine contre la vérité.

Mais qu'on ne s'y trompe pas, la réaction s'opérera et l'enthousiasme de cette même foule se calmera. Elle retombera à plat, désorientée et impuissante, à la merci d'une dictature quelconque, d'un César ou d'une réaction qui feront reculer la civilisation.

C'est pourquoi les militants véritables doivent avoir le courage de ne pas, actuellement, se laisser détourner de leurs principes d'organisation ni entraîner, ni dominer par cette cohue. Ils doivent, insensibles aux huées et aux calomnies, dire aux foules que ceux qui lui affirment qu'on peut consommer beaucoup et peu produire trompent les masses ouvrières et leur préparent des lendemains de privations et de souffrances indicibles.

Le courage c'est de dire, de répéter à la masse que tout individu est en même temps que producteur un consommateur et que le continuel développement de la production est nécessaire, indispensable.

Qu'il est impossible, non seulement de satisfaire les besoins normaux, naturels des individus sans produire normalement, mais qu'il est absolument impossible de développer le bien-être général de chacun si, en même temps, on ne développe pas la production individuelle dans l'intérêt collectif et général.

Le courage, c'est de clamer hautement qu'une révolution purement politique, qui hante le cerveau des masses, ne saurait résoudre le problème social dont la guerre a précipité et imposé la solution.

Le courage, c'est d'inlassablement leur dire que la révolution qui est à faire, qu'il faut faire, c'est la révolution économique et que celle-là ne se fait pas dans la rue par la foule délirante et déchaînée, détruisant pour le seul désir ou plaisir de gaspiller et de détruire.

Qu'en réalité, une révolution économique puise sa sève dans le travail et se fortifie, se développe et s'achève par la production intensifiée aussi bien dans les champs que dans les ateliers et usines par une meilleure utilisation des procédés scientifiques et des moyens de production.

Et c'est parce qu'on ne saurait jamais assez, à l'heure présente, répéter, affirmer ces vérités à la masse que j'ai accepté l'édition de cette brochure.

Mon seul vœu est qu'elle puisse aider à l'éducation de mes camarades ouvriers en leur faisant comprendre avec la complexité, l'étendue de la tâche à accomplir et l'inéluctable nécessité pour tous d'être organisé et d'agir continuellement et avec ténacité dans l'organisation et par l'organisation.

A. MERRHEIM.

Le 20 juin 1919.

Corbeil, 19 janvier 1919.

Camarades,

J'avais accepté avec beaucoup de plaisir d'accompagner le camarade Bidegaray à cette réunion. Je voyais là comme la marque de solidarité qui doit unir, à l'heure actuelle, deux des corporations les plus importantes dans ce pays : les cheminots et les métallurgistes.

Mais Bidegaray fut désigné lundi dernier pour se rendre à Bruxelles afin d'exposer à nos camarades belges que, malgré les souffrances qu'ils ont eu à supporter pendant l'occupation allemande, ils n'avaient pas le droit de se dérober à la Conférence syndicale internationale qui va se tenir à Berne en Suisse. C'est pourquoi je suis seul à cette réunion, prié par Bidegaray d'excuser son absence.

*
* *

Ceci dit, je voudrais, aussi clairement que possible, examiner avec vous les grands problèmes qui se posent à l'heure actuelle à l'attention de la classe ouvrière. J'ai été heureux, en arrivant à Corbeil, d'entendre le camarade Knockaert me dire : « Nous avons jugé qu'il n'était pas nécessaire de poser de nouvelles revendications ; nous avons pensé qu'il était préférable de demander aux industriels de maintenir le bordereau des salaires existants, car nous estimons que dans les circonstances que nous traversons, avec le chômage qui commence et existe déjà, il n'est pas nécessaire de poser de nouvelles revendications ; qu'il est indispensable de défendre ce que nous avons acquis et d'essayer de faire aboutir la journée de 8 heures.

J'ai été heureux de ce langage, car c'est exactement le même qu'a tenu le Comité National de la Fédération des Métaux : uni dimanche dernier et composé de camarades venant de toutes les régions de la France. Et si ce même langage a été tenu, c'est parce que, à la Fédération des Métaux nous nous rendons compte de la situation difficile dans laquelle nous allons nous trouver et que nous voudrions préparer nos organisations à y faire face.

LA SITUATION ÉCONOMIQUE

Tout à l'heure, le camarade des cheminots qui a pris la parole vous disait :

« Il y avait un moyen pour le gouvernement d'empêcher l'augmentation du coût de la vie, d'empêcher que le beurre atteigne les prix formidables qu'il atteint à Paris ; que l'ensemble des denrées augmente dans de telles proportions ; c'était de créer des magasins coopératifs sous le contrôle de la ville ou du gouvernement pour essayer de lutter contre cette augmentation. »

Je me permets de vous dire que ce n'est là qu'un des petits côtés du problème qui se pose à l'heure actuelle à l'attention de la classe ouvrière et à celle de tous les autres pays.

Je dis « petit côté du problème », pourquoi?

Est-il permis, camarades, de penser qu'à l'heure présente l'ouverture de ces magasins, même sous le contrôle d'un gouvernement, — et j'ajoute : fût-il sous le contrôle d'un gouvernement révolutionnaire, — est-il possible de penser que cela apporterait une amélioration à la situation.

Je dis : « Non. » Je dis non parce qu'il ne faut pas oublier qu'il y a quatre ans passés que, dans le monde entier, plus de vingt-cinq millions d'hommes ont été arrachés à la production de ce qui était nécessaire à la vie, pour produire uniquement pour la mort; que la terre n'a eu, pour apporter ce qui est indispensable à notre existence, que les bras faibles des femmes, des vieillards, des enfants, et que d'année en année cette terre s'est épuisée faute d'engrais et faute de n'avoir pas été travaillée comme elle aurait dû l'être.

Pendant ces quatre années, pendant que s'épuisait la source même de la vie des sociétés, il y avait d'un autre côté un gaspillage monstrueux de tout ce qui est indispensable à l'existence. Il y a eu un gaspillage tel qu'à l'heure actuelle toutes les ressources qui étaient en réserves sont anéanties et que, ce qui menace le plus la vie des nations, si l'Amérique ne peut pas apporter toute la part, tout l'effort indispensable à notre ravitaillement, c'est la famine s'abattant sur tous les peuples, sur tous les pays. Voilà la vérité. (Applaudissecents.)

C'est en examinant le problème sous cet angle qu'apparaissent tout de suite les grandes responsabilités que la partie consciente de la classe ouvrière a à envisager dès aujourd'hui.

Que s'agit-il de faire immédiatement? Il s'agit de réorganiser la vie économique le plus rapidement possible; de rendre à la terre les bras qui lui sont indispensables; de renvoyer dans les usines les hommes qui sont les cadres techniques de ces usines pour pouvoir assurer leur fonctionnement et faire reprendre à la production sa marche normale, et il faudra des mois et des mois pour que cette marche normale soit redevenue ce qu'elle était avant la guerre. C'est cette responsabilité là qui se présente surtout pour nous, classe ouvrière française, et je l'envisage en me plaçant sur un autre terrain à ce point de vue; en supposant que l'impuissance de notre gouvernement à améliorer cette situation fasse que demain nous nous trouvions dans un état de fait révolutionnaire dans ce pays.

Est-ce que la solution de ces problèmes serait réalisée? Est-ce qu'il suffirait que vous proclamiez la grève générale pour faire la révolution? Est-ce que la violence seule suffirait pour que les problèmes que nous avons à résoudre soient complètement résolus? « Non »; la violence, seule, les rendrait insolubles parce que le plus grand des malheurs, la plus grande des entraves que la révolution pourrait, à ce moment, connaître, ce serait jutement l'arrêt complet de la production, qui jetterait le pays dans la famine et qui, par la famine, l'amène-rait à la violence de l'émeute, non pas à la véritable révolution capable de réaliser l'état social que nous rê-vons et pour lequel âprement nous luttons. Applaudis-sements.)

Voilà en face de quelles responsabilités nous nous trouvons, nous les militants, tous les militants ouvriers. Et j'ajoute tout de suite qu'une des autres raisons qui m'a fait me réjouir de la décision de nos camarades métallurgistes de Corbeil de ne pas toucher à leur sa-laire, mais de les maintenir et de les défendre, c'est, si paradoxal que cela puisse paraître, que la question de salaire ne doit pas peser autant sur nos préoccupations que l'on voudrait la faire peser dans la société capita-liste actuelle.

LE SALAIRE N'EST PAS TOUT

Nous n'oublions pas, nous, que nous avons comme idéal la disparition du salariat et que ce n'est pas en renforçant à l'absolu le salaire de la classe ouvrière, en créant une bourgeoisie ouvrière, comme une espèce d'a-ristocratie du salaire, que nous aboutirons à ce résultat que nous entrevoyons pour l'avenir. En effet, reportez-vous, par la pensée, à la situation dans laquelle nous nous sommes trouvés et où vous vous trouvez présen-tement :

D'abord, au début de la guerre, vie assez facile pen-dant au moins dix-huit mois; puis, brusquement, augmentation du coût de la vie qui amène les grèves et les conflits. D'une part, augmentation des bénéfices de ceux qu'on a appelés les « profiteurs de la guerre »; de l'au-tre, augmentation des salaires; possibilité par suite de l'augmentation, pour une catégorie, une minorité d'indi-vidus de notre pays, d'acheter des produits à n'importe quel prix. Alors nous assistons à ce spectacle que plus, d'une part, par la surproduction, les profits augmentent, plus, de l'autre, certaines catégories de salaires augmentent. Nous aboutissons à l'augmentation du coût de la vie dans des proportions considérables, fabuleuses. Conséquences? S'il y a une catégorie de profiteurs ayant beaucoup d'argent et pouvant acheter à n'importe quel prix, ceux-là achètent, consomment largement, pendant que la grande masse, l'immense majorité des travailleurs de toutes catégories, tenue par ses moindres salaires, souffre et crie misère, et le crie davantage encore en ce moment. Voilà la situation. Applaudissements.)

Oui ! voilà la situation qui se présente et ira s'aggravant pour la classe ouvrière parce que l'augmentation indéfinie du salaire ne peut qu'accentuer sa misère en faisant hausser le coût de l'existence.

Et, alors, où est le remède? me direz-vous.

SALARIÉS ET CONSOMMATEURS

Mais, le remède, c'est d'abord, comme je vous l'ai indiqué tout à l'heure, de faire revenir la production a son état normal le plus rapidement possible; c'est, ensuite, de ne pas oublier que si vous êtes des salariés, vous êtes en même temps des consommateurs. Que votre intérêt de consommateur ne peut être séparé de celui du salarié que vous êtes avant tout. Qu'enfin, ces intérêts se rejoignent, se confondent, et que, par conséquent, si nous n'arrivons pas à établir un équilibre qui rapprochera, associera l'intérêt du consommateur et du salarié, la conséquence sera plus de misère pour la grande majorité du peuple, l'immense majorité des travailleurs, pendant qu'une minorité de privilégiés pourront satisfaire leurs appétits, leurs désirs.

C'est donc un nouveau problème qui s'ajoute aux autres. Et, alors, comment solutionner ce nouveau problème? Mais, sa solution, nous l'avons suggérée dès le début de la guerre. Nous disions, à cette époque, qu'il fallait établir un minimum général de salaire. Que l'on soit cheminot, mineur, métallurgiste, tisseur, ouvrier du bâtiment, ce minimum de salaire, disions-nous, devrait d'abord garantir un minimum d'existence aux individus, c'est-à-dire leur permettre de vivre, et, ensuite, l'habileté professionnelle, les capacités techniques, la force physique permettraient aux individus de gagner davantage non seulement pour augmenter leur bien-être particulier sans porter préjudice à toute la classe ouvrière, mais en aidant par la production normalement accrue le développement du bien-être général. (Applaudissements.)

Voilà, camarades, les différents problèmes économiques qui sont à résoudre, que nous aurions à résoudre si nous nous trouvions dans un état de fait révolutionnaire demain, et que nous ne résoudrions pas avec des mots ou avec des affirmations théoriques, mais en augmentant notre production.

LES DEUX COURANTS QUI S'OPPOSENT

Dans quelles conditions sommes-nous appelés à envisager ces problèmes au sein des organisations centrales, c'est-à-dire à la C. G. T. ?

Il est nécessaire, ici, de s'expliquer nettement, parce que l'on doit à la classe ouvrière toute la vérité et qu'il faut éviter toute équivoque.

Cette vérité, c'est que, en ces circonstances difficiles deux courants s'affirment, se heurtent au sein des organisations ouvrières. Il serait stupide de le nier.

Le premier de ces courants, de qui je me sépare, je le dis immédiatement, est celui qui agite constamment, comme une formule magique, suffisant à tout, le mot de « révolution ».

Ceux qui s'en réclament répètent ce mot « révolution » sur tous les tons, à tous propos et hors de propos. La plupart d'entre eux voient dans une « révolution » non pas l'idéal qui nous tient à cœur : la disparition du salariat et la transformation de l'ordre social au bénéfice de la collectivité, de l'ensemble de la classe ouvrière d'un pays, de l'Internationale ouvrière, ce qu'ils voient dans la « révolution », c'est la satisfaction des égoïsmes individuels et de leur égoïsme individuel; qui disent : « Je veux la révolution, moi, pour prendre la place du bourgeois; je veux la révolution pour pouvoir enfin m'asseoir dans des fauteuils; me mettre dans des appartements meilleurs que ceux que j'ai connus », qui rabaissent la révolution à la satisfaction de bas appétits individuels, sacrifiant les intérêts de la collectivité à leur intérêt personnel. Je ne suis pas de ces révolutionnaires-là. Je n'en suis pas et n'en serai jamais.

Vous voyez si je pose nettement la question. Pour moi, la révolution signifie transformation sociale, et telle que je l'entrevois elle a un tout autre caractère : à cetet conception « politique » de la révolution, j'oppose la conception de la révolution « économique » et qui, elle, ne doit pas satisfaire les appétits individuels des uns ou des autres. Elle doit bénéficier à la collectivité tout entière, apporter à toute la classe ouvrière une amélioration, une liberté plus grande, un bien-être qu'elle n'a jamais pu connaître jusqu'à présent et qu'elle ne peut connaitre sans développer, intensifier la production.

LES REVOLUTIONS ACTUELLES

Ce langage, que je tenais déjà avant la guerre, je le tiens aujourd'hui, en me reportant aux événements qui déchirent l'Europe à l'heure présente. Quels sont ces événements et quelles leçons pourrons-nous en tirer ? Nous avons en face de nous deux grands exemples que nous ne connaissons pas encore suffisamment, je le dis tout de suite, pour pouvoir apporter des appréciations définitives. Mais, malgré l'ignorance dans laquelle nous laissent nos gouvernements, assez de vérités ont pu percer pour que nous ayons le devoir d'essayer, tout en marchant, en tâtonnant, de ne pas répéter les fautes ou les erreurs que ces révolutions — je veux parler des révolutions russe et allemande — ont pu commettre.

La Révolution Russe

Examinons d'abord la révolution russe. Ceux qui parlent, en France, de révolution, ont-ils cherché à se rendre compte, à comprendre de quelle façon cette révolution russe s'est déchaînée? Non ! Ils restent hypnotisés par les mots, par « la Révolution », sans vouloir examiner les faits.

Ah! camarades, cependant, quand on examine froidement la révolution russe, on voit combien entre les désirs révolutionnaires même sincères des individus et l'état de fait révolutionnaire d'un pays, est immense la différence qu'il peut y avoir.

En effet, pourquoi la révolution a-t-elle éclaté en Russie ? Est-elle le fait de gens qui disaient : « Nous voulons la révolution ! » et qui le répétaient sur tous les tons ? — et cependant que de sacrifices individuels avaient été faits pour la déchaîner avant ! — Non. La révolution fut d'abord *engagée* — je ne dis pas déclarée — au mois de mars 1917, quand le tzar, sentant le pays à bout, ayant des millions de morts, — sans compter les blessés — voulait, pour la troisième fois, faire la paix séparée avec l'Allemagne. A ce moment là l'Entente crut habile de faire une révolution de palais et s'était assuré les complicités nécessaires. Sans le vouloir, elle allait aider le mouvement révolutionnaire russe à se déclencher sans pouvoir le limiter. Elle avait rêvé d'écarter le tzar et d'un gouvernement qui serait présidé par le grand-duc Alexis et par Milioukoff ou le prince Lwof qui continuerait la guerre. Mais quand on ouvre l'écluse d'un barrage, il devient difficile, quand la crue a monté, de refermer cette écluse, parce que le courant est plus fort qu'au moment où on l'a ouverte. C'est ce qui s'est passé en Russie : les écluses révolutionnaires entr'ouvertes pour une révolution de palais il fut impossible de les refermer. La lutte s'engagea, le grand-duc fut obligé de disparaitre. Le prince Lwof, Milioukoff et Kérensky le remplacèrent à la tête d'un gouvernement provisoire.

A ce moment-là, il n'a tenu qu'à l'Entente que la Révolution russe conservât le caractère politique qu'elle avait et se limitât à une révolution politique. Il lui suffisait de répondre à l'appel des Soviets, des commissaires du peuple de Pétrograd et aux instances pressantes de Kérensky qui demandaient aux alliés de la Russie de reviser leurs buts de guerre, d'abandonner tous les traités secrets signées en 1915-1916 entre alliés.

Non seulement l'Entente refusa, mais elle exigea de Kérensky une offensive militaire, Kérensky, au lieu de résister, céda. L'offensive eut lieu et ce fut le commencement de la débâcle de l'armée, précédant celle définitive de la Russie tout entière.

La nation russe ne voulait plus la guerre, ne pouvait plus faire la guerre. Korniloff-Kérensky voulaient au contraire réorganiser le pays pour la guerre et le peuple russe se retourna contre Kérensky et Korniloff, qu'il chassa et associa dans une même réprobation parce qu'il ne voulait plus faire la guerre.

Pour rappeler un mot célèbre de Lénine : la Russie était alors un cadavre dont personne ne voulait. Lénine et Trotsky prirent ce cadavre, c'est-à-dire le pouvoir, sans violence, sans la moindre effusion de sang, pour sortir la Russie de l'état révolutionnaire *politique* dans lequel elle se trouvait, et l'entraîner vers la révolution *économique* et essayer de la réaliser.

Retenez bien, camarades, ces stades successifs du développement de la révolution russe : d'abord révolution de palais; ensuite révolution politique et bourgeoise; enfin révolution économique, où la violence seule, qui peut certes accomplir une révolution politique en changeant la forme du gouvernement, devient impuissante pour réaliser la révolution économique qui doit transformer l'état social tout entier.

Et, pour bien juger cette révolution économique, il faut se rappeler dans quelles conditions épouvantables de désorganisation, de décomposition serait plus exact, Lénine et Trotsky prirent le pouvoir.

Quand ils prirent le pouvoir, le pays était presque à la veille d'être affamé; des usines se fermaient tous les jours; les ouvriers chassaient des ateliers, des usines, ce qui constituait la partie dirigeante, technique, c'est-à-dire les ingénieurs, les directeurs, et se trouvaient dans l'impossibilité ensuite de faire fonctionner ces usines parce qu'ils n'avaient pas les capacités techniques voulues. C'est en face de cette situation que se trouvait avec les soviets le gouvernement russe de Lénine et Trotsky.

LE ROLE DES TECHNICIENS

Comment vont-ils faire face à cette situation? J'indique tout de suite que ce que je vais dire maintenant, je le tiens d'un industriel qui est rentré, il n'y a pas longtemps, de Russie. Il a résumé, dans une série de notes, dont je vous lirai une partie tout à l'heure, ses impressions et dans lesquelles il montre quelle faute commettait le gouvernement français en poursuivant l'idée d'une intervention militaire en Russie, au lieu d'aider ce pays à sortir de l'état chaotique dans lequel il se trouve en l'aidant économiquement. Cet industriel me disait :

« La grande pensée dominante de Trotsky a été tout de suite de rappeler les techniciens, de les réassocier aux ouvriers dans les usines et dans les ateliers; de dire aux directeurs d'usines, aux chefs d'industrie : « Vous avez « des capitaux placés dans vos usines, eh bien, ces ca- « pitaux, nous allons leur garantir un intérêt que nous « fixerons d'accord avec vous, mais vous allez assurer la « marche de vos ateliers et de vos usines, vous allez « l'assurer avec un comité qui sera composé de vos « agents techniques, des délégués des ouvriers, des re- « présentants des organisations ouvrières. Vous consti- « tuerez ce que l'on peut appeler un « conseil de fabri- « que » qui gérera l'atelier ou l'usine dans laquelle vous « travaillez. »

Et cet industriel me disait :

« Nous avons pu ainsi, et moi qui vous parle, direc- teur de grandes entreprises là-bas en Russie, j'ai pu, avec le concours des soviets, continuer l'exploitation, continuer la marche de mes industries, payer des salai- res qui étaient garantis par l'Etat, jusqu'au jour où les banques, voyant que les bolcheviks établissaient un or- dre social économique, faisaient non pas une révolution politique, mais une révolution économique, transfor- mant les bases de l'économie sociale, de la production du pays, où s'apercevant de cela, les banques firent grève. »

Ah ! disait-il, si on m'avait écouté à ce moment-là, si on avait immédiatement, du jour au lendemain, établi du papier qui aurait permis de payer les salaires des ouvriers et ouvrières, garantissant ces papiers sur l'Etat ou sur le matériel des usines, nous n'aurions pas assisté alors à cette débandade qui se produisit dans la révo- lution russe. Car, du jour où l'on a été dans l'impossibi- lité de payer les salaires, les ouvriers refusèrent de tra- vailler et la production cessa. Le prix de la vie, qui était déjà cher, haussa dans des proportions considérables. Et, alors, devant le manque de production, en présence des besoins, les ouvriers, au lieu de produire, se mirent à piller. Ils avaient cru que prendre un magasin, le dévaliser, c'était là la solution de la question sociale. Ils oubliaient tout simplement que la plupart des produits qui étaient en magasin, c'étaient eux qui les produisaient et que, en cessant de les produire, au lieu de sortir de la misère, ils se préparaient à une misère plus grande. En résumé, au lieu de chercher à faire triompher la révolution dans le travail par le travail, en produisant, ils pensèrent pouvoir la faire triompher par la violence et par le seul fait de la violence et en cessant de produire pour détruire.

Ils commettaient cette erreur extrêmement grave de croire que la violence peut créer quelque chose. Mais la violence est presque toujours l'acte de désespoir d'individualités ou de collectivités impuissantes à réaliser leurs désirs ou leurs volontés. La violence seule ne peut pas résoudre les véritables problèmes sociaux qui se posent à l'attention, à l'œuvre de réalisation de la classe ouvrière. La violence seule finit par permettre à la réaction de triompher et peut mettre en péril la révolution elle-même.

RÉVOLUTION POLITIQUE
ET RÉVOLUTION ÉCONOMIQUE

Vous apercevez tout de suite, camarades, la différence immense que j'essayais de vous faire saisir tout à l'heure entre la conception simpliste de la révolution idéaliste en théorie, politique, pour satisfaire des appétits personnels, et la conception plus saine, plus haute, de la révolution économique pour l'œuvre de transformation sociale au bénéfice de la collectivité tout entière.

Quels que soient les sentiments qui vous animent, saisissez, comprenez bien, pénétrez-vous bien, camarades, de cette différence entre la révolution politique et une révolution économique. La première peut triompher par l'émeute, la violence, car il suffit de remplacer les hommes d'un parti par ceux d'un autre parti à la tête d'un gouvernement, d'un Etat. Mais rien n'est changé par la suite et les puissances d'exploitation économique subsistent avec tous leurs privilèges et leur autorité absolue.

La seconde, au contraire, est impossible par la seule violence, car c'est le milieu social qu'il faut transformer, la vie économique qu'il faut assurer. C'est, en un mot, mettre la main sur les instruments de production et être capable d'en assurer la direction, d'en assurer le fonctionnement comme la répartition des produits qu'ils créent, en un mot, réaliser la véritable émancipation économique de la classe ouvrière.

Mais, camarades, je m'aperçois, qu'emporté par ma pensée, mes convictions, le désir de les faire pénétrer en votre esprit, je m'écarte de la révolution russe et de la note de l'industrie! dont je vous ai parlé tout à l'heure. Je ne vous en lirai, d'ailleurs, que la dernière partie. Parlant de l'intervention en Russie, voici ce qu'il écrit textuellement :

« Un moyen plus sûr que l'intervention armée pour apaiser la Rusie affamée est de lui donner les moyens de se reconstituer. On ne peut demander à un peuple qui a faim de prendre des décisions raisonnables.

« Ce n'est pas par des mesures de guerre, par l'emploi de la poudre, des obus, des canons et des hommes armés que nous atteindrons notre but, mais bien, au contraire, en faisant œuvre de paix : en fabriquant pour la Russie, dans nos usines de guerre encore mobilisées, des machines agricoles et des engrais; en lui donnant l'aide de nos techniciens, c'est ainsi que nous rétablirons le calme. Si, en Russie, nous poursuivons réellement, exclusivement le rétablissement de l'ordre, la protection de la liberté humaine, la sauvegarde du patrimoine des peuples associés, il faut pacifier, il faut organiser, il faut rebâtir. L'intervention armée ne peut que prolonger les destructions et le désordre, attiser les haines. Seule, une intervention économique permettra, en atteignant le but, de garder la reconnaissance du peuple russe. Le programme proposé en juin 1918 peut servir de base à cette reconstitution. Si donc, ayant obtenu du gouvernement bolchevik des gages, nous pouvons, à la faveur d'une intervention économique acceptée, faire renaître la vie en Russie, il est certain que, grâce au bien-être introduit, nous acquerrons le prestige indispensable pour agir efficacement sur les masses et faire évoluer vers

des formes adoucies les réformes bolchevistes outran-
cières, contraires aux lois de l'évolution et de la justice
sociale. »

Ainsi, vous le voyez, cet industriel est nettement
contre l'intervention et quelle différence il fait entre
l'intervention armée, préférée par nos gouvernements, et
l'intervention pacifique, c'est-à-dire celle pour laquelle
nous sommes et la seule capable de ramener le calme
en Russie en donnant à manger au peuple russe, en
l'aidant à se réorganiser économiquement ! Mais en
même temps, dans ces quelques lignes — et c'est pourquoi j'ai tenu à vous les lire — il retrace la situation
en face de laquelle nous pourrions nous trouver demain,
si, une situation révolutionnaire se présentant, nous
abandonnions la production au lieu de l'organiser, de la
réorganiser avec et sous le contrôle des organisations
syndicales.

Ces affirmations, camarades, doivent vous édifier, car
celui qui les a faites n'est pas un socialiste, c'est un
industriel important, intéressé dans de grandes affaires
en Russie, et, par conséquent, pas suspect de bolche-
visme.

D'autre part, la presse ne cesse de parler de la
désorganisation que les bolcheviks ont amenée, provo-
quée en Russie. Vous allez voir, d'après cet industriel,
combien c'est le contraire de ce que dit la presse qui
est la vérité, et combien elle ment tous les jours, uniquement pour tromper la classe ouvrière.

LES ORGANISMES ÉCONOMIQUES
DE LA RÉVOLUTION RUSSE

Dans ses notes, cet industriel écrit :

« Mais, quelles sont ces institutions bolchevistes ? Si,
débarrassant notre esprit des préjugés, nous examinons
impartialement les organisations créées par les bolcheviks, qu'il est indispensable d'étudier pour ne pas mar-
cher dans les ténèbres, il est clair que certaines décou-
lent de principes admis par notre démocratie.

« *Les Soviets, avec le Congrès panrusse et le Comité
central exécutif choisi dans son sein pour contrôler le
gouvernement des commissaires du peuple, constituent*

*une représentation à la fois économique et politique
du peuple ainsi qu'un Parlement. Si la bourgeoisie n'en
était pas exclue, il y aurait dans cette organisation fonc-
tionnant régulièrement les éléments d'une représentation nationale à la fois politique et économique dont le
projet est étudié en France sous une autre forme par
des esprits pondérés. »*

Ainsi, les bases fondamentales des Soviets ne sont
qu'une association de défense des intérêts politiques et
économiques du pays, c'est-à-dire des intérêts généraux
de la collectivité, c'est, en quelque sorte, des bases iden-
tiques à celles que le syndicalisme français s'efforce de
créer par ses fédérations nationales et départementales
de syndicats corporatifs ou d'industries.

Saisissez ici encore la différence avec ce qui existe
en France. En France, il n'y a qu'une chose qui compte :
le Parlement politique, les intérêts politiques. Tout est
sacrifié aux idées, aux satisfactions des intérêts élec-
toraux et politiques. Toute notre vie est dominée par
des intérêts et l'action électorale et politique. On ne
se préoccupe jamais des intérêts économiques du pays.
Jamais on ne fait prédominer les intérêts économiques
du pays pour les mettre au service de la collectivité.

En Russie, avec l'organisation des Soviets, ce sont,
au contraire, les intérêts économiques qui dominent.
C'est ce qui marque le véritable caractère de la Révolution russe et qui est cause que toute la réaction gou-
vernementale capitaliste européenne est liguée contre
elle parce que c'est une « révolution économique » et
non pas une « révolution politique » comme cela est
encore beaucoup trop dans l'esprit de certains de nos
camarades.

LES SECTIONS ÉCONOMIQUES DES SOVIETS

Mais ces Soviets sont divisés en sections économiques.
Voici ce que cet industriel écrit à ce sujet :

« Les sections économiques des Soviets travaillant
en parallèle avec les Syndicats professionnels et les
institutions patronales, Conseil de Fabrique, Comité
Technique, etc..., constituent une décentralisation éco-

nomique dont l'ensemble forme une sorte de Fédération du régionalisme économique. »

Ainsi, chaque soviet se divise en sections économiques.

Ces sections travaillent comment ?

« En ayant pris l'avis des Conseils de Fabrique, des institutions patronales, etc. Camarades, ici encore, retenez le mot : *institutions patronales* qui montrent que la révolution russe n'a pas le caractère absolu que lui a prêté notre presse ; que la dictature du prolétariat, dont on parle tant, est dominée par la dictature des intérêts économiques généraux de l'ensemble du pays dont il faut satisfaire les besoins en utilisant les compétences ou les organismes capables de concourir et aboutir à ce résultat : *Produire*, car sans production c'est la misère et, par la misère, la décadence d'un pays.

En conséquence, comme vous le voyez : une association de tout ce qui assure, développe la production économique du pays — et quand on dit production économique d'un pays, on parle de la vie même de ce pays ; puisque la vie des nations aujourd'hui repose surtout sur la production et que cette production ne peut être assurée que par le travail de tous, au bénéfice total de la collectivité.

Excusez-moi, camarades, d'insister sur ces détails.

Je le fais pour que vous vous pénétriez bien de la différence qu'il y a entre une révolution politique, qui consiste à renverser un gouvernement pour le remplacer par un autre, et une révolution économique qui doit aboutir à une transformation de l'état social. Dans la première, le travail, la production n'a pas d'importance ; dans la seconde, le travail, la production est tout. De ces deux facteurs, dépendent la défaite ou le triomphe d'une véritable révolution.

LE CONSEIL SUPÉRIEUR ÉCONOMIQUE

Mais je poursuis l'examen de la note de cet industriel. Les soviets, même avec leurs sections économiques, ne seraient rien, ne pourraient rien, s'il n'y avait pas un organisme central leur insufflant, pour ainsi dire, une vie économique.

Ils seraient impuissants. Chacun travaillerait pour sa localité ou sa région. Or, pas plus que les nations ne peuvent aujourd'hui se soustraire aux obligations des relations économiques internationales, pas plus les localités ou les régions ne peuvent vivre sur elles-mêmes et ignorer, économiquement parlant, les autres localités ou régions.

C'est ce qu'ont compris les dirigeants de la révolution russe et pourquoi ils ont créé, écrit cet industriel :

« Le conseil supérieur de l'économie populaire, qui centralise l'étude des besoins économiques de la nation et de l'organisation générale de l'industrie et du commerce, travaillant dans l'ordre, avec des techniciens de valeur, ils seraient susceptibles d'aider à une réorganisation viable de la Russie. »

Quand la C. G. T. réclame la constitution d'un « Conseil national économique », les Soviets en moins, elle emprunte à la révolution russe une de ses formes d'organisation économique pour la recherche des besoins économiques du pays et l'organisation de la production. Et ne croyez pas que je fais ce rapprochement pour diminuer la valeur des créations de la révolution russe ; non, cela est loin de ma pensée. Je n'examine que des faits et ce parallèle en découle tout naturellement, mettant en lumière les préoccupations qui animent les mouvements ouvriers de tous les pays.

Comme vous le voyez, c'est l'ordre — et non le désordre — que Lénine et Trotsky se sont efforcés d'organiser. Ce n'est pas, comme toute notre presse n'a cessé de l'imprimer, une révolution anarchique reposant sur le pillage et le vol ; au contraire, sa base, c'est le travail pour la production et l'organisation de la production.

NÉCESSITÉ DE DÉVELOPPER LA PRODUCTION

D'ailleurs, pour s'en convaincre, il n'y a qu'à reprendre le discours prononcé par Lénine à Moscou en mai 1918. Examinant les « Problèmes du pouvoir des Soviets », il place en premier lieu le relèvement et le développement de la production.

« Le relèvement de la productivité du travail, dit-il, exige avant tout la garantie des fondements matériels de la grande industrie : le développement de la production de combustible, du fer, de la construction des machines, de l'industrie chimique. »

Et il ajoute aussitôt, parlant pour les ouvriers :

« Une autre condition du relèvement de la productivité du travail, c'est, en premier lieu, l'élévation de l'instruction et de la culture de la masse de la population. *En second lieu, une autre condition du relèvement économique est aussi l'élévation du degré de discipline des travailleurs, du savoir-faire, de la vitesse, de l'intensité du travail, de sa meilleure organisation.* »

Voilà le langage que tient Lénine, et si je vous le cite c'est que j'ai vu des camarades qui se prétendent révolutionnaires qui trouvent parce que j'essaie de comprendre la révolution russe et d'éviter ses erreurs, que j'ai renié mon action passée, me reprocher de tenir le même langage, de dire ces vérités à la classe ouvrière.

CARACTÈRE DE LA NATIONALISATION EN RUSSIE

Mais passons. La révolution russe a-t-elle nationalisé systématiquement les mines, les usines, toutes les entreprises industrielles de la Russie ?

Voici ce que cet industriel écrit dans sa note :

« La nationalisation de l'industrie ? Sans le refus, opposé par les classes dirigeantes dès le début, de prêter tout concours au nouveau pouvoir, elle aurait sans doute été évitée. Toutefois, la nationalisation réalise une forme de travail industriel sous le contrôle absolu de l'Etat, *mais non pas sous sa direction*, se rapprochant en bien des points de la situation de l'industrie alliée pendant la guerre. Si nous en séparons le principe de l'annulation de la propriété, qui, d'ailleurs, ne résulte pas nettement des décrets bolcheviks (dans certaines entreprises, les actionnaires ont été crédités encore récemment de dividendes et la législation des Sociétés n'est pas abolie), rien de fondamental ne sépare cette idée de la centralisation aboutissant aux trusts ou aux consortiums actuellement en formation en France, dont *le principe d'ailleurs porte atteinte à la liberté individuelle* et implique l'intervention de l'Etat. Ne tend-on pas d'ailleurs à nationaliser certains services ?

Enfin des essais on été tentés par les bolcheviks pour grouper les industries similaires à l'aide d'organismes déjà existants « *Prodometa, Prodougol* » pour arriver à un travail en régie ».

Quant à la nationalisation des banques, ce fut, écrit cet industriel, « une mesure de guerre prise par les bolcheviks en pleine crise lors de la grève quasi totale des fonctionnaires, des employés de banques, des techniciens, de toute la bourgeoisie ; elle avait été étudiée par le gouvernement ukrainien socialiste qui, lui-même, luttait d'accord avec nous contre les soviets. Elle part du principe de la « nationalisation du crédit », idée qu'on ne peut rejeter *a priori*.

Ici encore, vous pouvez mesurer la différence qu'il y a entre la nationalisation absolue, la confiscation pour parler comme la presse, et ce qui a été fait en réalité, c'est-à-dire le contrôle de la production. Et cet industriel m'affirmait que, dans les usines dont il assurait la direction et parce qu'il assurait cette direction, on lui avait simplement payé les intérêts du capital engagé. Il ajoutait :

« Le Conseil de fabrique a fixé les salaires et, chose curieuse, il n'a pas touché aux salaires des ingénieurs ni des directeurs il les a maintenus tels qu'ils étaient, il estimait qu'ils devaient être rétribués quoique la classe ouvrière ne recevait qu'un salaire qui lui permette de vivre. »

C'est sous cet angle que nous devons voir la révolution russe. Elle n'a pas été déclenchée à une heure fixée à l'avance, par un mot d'ordre, elle est née des faits, d'une situation toute particulière, et son développement est d'autant plus laborieux, qu'elle a à lutter intérieurement et extérieurement.

Voilà pour la Russie, et j'entends qu'on me crie : « Et la révolution allemande ? »

La Révolution Allemande

Pas plus que la révolution russe, la révolution allemande n'a été le produit d'un mot d'ordre, d'une organisation créée pour déclencher à date fixe la révolution.

Et quand quelques camarades bien intentionnés, mais qui ne réfléchissent pas suffisamment, disent : « Après les Russes les Allemands ont fait la révolution, pour quoi ne serions-nous pas capables de la faire à notre tour ? » ils sont victimes de la magie des mots et méconnaissent les réalités. Je leur demande si on peut mettre en parallèle l'état de ces deux pays avec l'état du nôtre.

Oui, la question qui se pose est celle-ci : peut-on établir un parallèle entre les circonstances qui ont amené la révolution allemande, après la révolution russe, et la situation de notre pays ? Je dis non, immédiatement. Les faits sont là et nous ne pouvons les contester. C'est par la faim qu'on est venu à bout de l'Allemagne militariste. Si elle avait pu se ravitailler, longtemps encore, elle aurait tenu tête à l'Europe, au monde, et la révolution eût été impossible. La faim a provoqué la défaite, a engendré fatalement la révolution, car la révolution commença le jour où les troupes allemandes battirent en retraite.

En France, c'est la victoire ! Cette victoire, vous la chantez encore, vous y croyez pour la plupart à l'heure présente et le mot « victoire » ne crée pas cet état d'esprit révolutionnaire dans la masse, qui est nécessaire au processus d'une révolution. La masse, en France, croit que la victoire amènera rapidement une amélioration de sa situation. Elle n'a pas encore fait l'expérience que l'appauvrissement général ne permet pas de remédier rapidement à sa situation difficile. Il y a, par conséquent, deux situations bien différentes, deux situations qui ne peuvent pas être mises en parallèle si on veut sainement apprécier la situation en France.

D'un côté, la défaite qui ne pouvait qu'engendrer la révolte du peuple et le conduire à la révolution.

De l'autre côté, la victoire qui élimine la pensée révolutionnaire des masses et leur fait espérer un avenir meilleur.

Voilà les faits, les choses qu'il faut regarder en face quand on lance le mot « révolution » ; et je dis même qu'en lançant à la légère ce mot de « révolution », et en essayant avec ce mot d'aggraver les divisions qui peuvent subsister parmi la classe ouvrière française, ceux qui font cela commettent un crime contre la classe ouvrière française et risquent d'aboutir à créer la même situation qu'en Allemagne.

N'est-il pas tragique de penser qu'un homme comme Liebknecht, qui a donné à l'Internationale tout ce que sa force de conviction et de principe pouvait donner, qu'une femme comme Rosa Luxembourg, qui a donné à l'Internationale tout ce qu'elle pouvait donner de force, de sincérité, de droiture et de loyauté, que ces deux êtres admirables ont été massacrés dans les rues de Berlin par la populace, victime de ces divisions à l'heure la plus tragique pour le peuple allemand et que leur disparition peut porter un coup fatal à la révolution allemande.

NECESSITE DE L'UNITÉ OUVRIÈRE

Voilà, camarades, ce qu'il faut ne pas oublier quand on examine la situation, voilà les parallèles qu'il faut établir. Et j'ose dire que, l'honneur de ma vie militante ce ne sera pas d'avoir été à Zimmerwald essayer de faire entendre aux peuples le cri de ma conscience oppressée par le massacre et le meurtre de millions d'hommes, ce ne sera pas d'y avoir été tenter de reconstituer la conscience de l'Internationale ; essayer de faire comprendre, par un appel retentissant, à tous les peuples, qu'ils n'avaient pas le droit d'abandonner leur mission de paix pendant que leur gouvernement les faisait massacrer ; non, cela ne sera pas pour moi le plus grand honneur de ma vie, l'honneur le plus grand pour moi ce sera, au moment où l'unité de la classe ouvrière dans la C. G. T. était menacée, ce sera d'avoir, au moment où nous nous dressions les uns contre les autres, majoritaires et minoritaires, heurtant nos conceptions, divisant pour elles, déchirant la classe ouvrière, mon honneur ce sera d'avoir fait disparaître mes ressentiments personnels, d'avoir pensé seulement à la classe ouvrière, à l'avenir, et d'avoir fait face à ces divisions pour les faire disparaître en recréant l'unité morale pour l'unité d'action de la C. G. T.

Et j'ose dire que si la C. G. T. aujourd'hui compte

dans ce pays et y a un immense crédit moral, si on discute avec ses représentants, non pas comme le maître avec ses laquais, mais d'égal à égal, si on tient compte de cette organisation de la classe ouvrière, si on songe à accorder, demain le droit syndical, la journée de huit heures, les revendications pour lesquelles, pendant vingt ans, vingt-cinq ans, nous avons bataillé, c'est grâce à cette unité reconstituée dans la classe ouvrière, formant bloc et disant à nos gouvernants, à la bourgeoisie, au patronat : « Nous n'oublions pas les intérêts généraux de la nation, mais classe ouvrière nous sommes une force, un bloc, une puissance avec laquelle nous vous obligerons à compter, qui s'opposera à vos prétentions. » Je dis que c'est cela qui sera l'honneur de ma vie de militant et non pas le voyage de Zimmerwald.

LE PROGRAMME MINIMUM DE LA C. G. T.

Et maintenant que je vous ai dit ces vérités nécessaires, mis en face de la situation et de vos responsabilités à vous, classe ouvrière, j'ai le devoir d'examiner avec vous sur quel terrain la C. G. T. base présentement son action. On a critiqué le programme minimum que la C. G. T. a établi ; ceux qui le critiquent ne manquent pas de dire : Au moment où l'Europe est en révolution, en présentant ce programme à la classe ouvrière, vous marchez à une collaboration de classes pour la détourner de l'idéal révolutionnaire, car vous ne tenez pas compte des désirs et des aspirations de la classe ouvrière. Ah ! permettez-moi de vous le dire, camarades, c'est travestir la vérité de présenter sous la forme d'une collaboration de classes le programme minimum de la C. G. T. et d'en tirer de pareilles conclusions. C'est faux ! Je dis que ceux qui trahissent véritablement les intérêts de la classe ouvrière, ce sont ceux qui abandonnent les points de vue, les revendications que la classe ouvrière a toujours réclamés. C'est ceux qui, à l'heure où cette classe ouvrière est désorientée et commence à reprendre le chemin des organisations, la détournent de ses revendications de toujours et, hypnotisés par les mots de « Révolution » ou « dictature du prolétariat » — qui en Russie n'est que la dictature de quelques hommes — ceux-là trahissent les intérêts de la classe ouvrière. A la C. G. T., au contraire, nous avons voulu ramener la classe ouvrière dans cette voie : l'organisation, en lui présentant une plate-forme, le programme minimum sur lequel elle puisse concentrer, apporter sa part d'activité et d'action, sans lesquelles c'est l'impuissance pour les organisations comme pour la classe ouvrière elle-même. Que contient ce programme minimum ? Examinons-le ensemble rapidement :

LE PRÉSIDENT WILSON

D'abord : action pour la paix ! avons-nous rappelé à la classe ouvrière. Comme elle manifestait son impuissance, nous avons été obligés de suivre le seul homme qui, aujourd'hui, dans la société capitaliste, représente et défend le mieux les aspirations de paix de la classe ouvrière, c'est-à-dire le président Wilson. C'est lui qui a dit que la paix devait être non pas une paix de gouvernants, mais une paix des peuples. C'est lui qui rappelle à l'heure actuelle, autour de la table de la paix où les peuples ne sont pas représentés, où ils ne peuvent pas parler, « que les peuples doivent avoir le droit de traiter leurs affaires eux-mêmes, de disposer d'eux-mêmes ». C'est grâce à lui si l'intervention armée en Russie ne s'est pas faite, parce que si les Etats-Unis avaient voulu prêter leur concours, nos gouvernants auraient réalisé l'intervention militaire en Russie, comptant sur les effectifs que les Etats-Unis auraient mis à leur disposition. C'est parce que c'est lui qui, à l'heure actuelle, défendait le mieux les intérêts de la classe ouvrière, que nous sommes allés le recevoir à Brest. Nous sommes allés là-bas lui dire qu'il pouvait compter sur le concours de toute la classe ouvrière française, qui était avec lui pour l'aider à l'établissement d'une paix des peuples, qui proclamerait la fin des guerres. (Applaudissements.)

Qui donc pourrait faire un reproche à la C. G. T. d'avoir eu une pareille attitude ? A part ceux qui pensent seulement à leur personnalité et non pas à la classe ouvrière, tous les autres ne peuvent qu'être d'accord sur ce point avec la C. G. T.

LE DROIT SYNDICAL

Que réclamons-nous encore dans ce programme minimum ? Le droit syndical pour tous et les droits plus étendus pour les femmes ; l'application de la loi de 1884 en Algérie, en Tunisie, c'est-à-dire là où, malgré soixante ans d'occupation, aucune des libertés dont nous jouissons n'a encore été établie. Voilà des points, personne ne le niera, que la C. G. T. a eu raison de rappeler à nos gouvernements.

Et qu'entendons-nous par droit syndical ? Qu'il n'y ait plus, comme avant la guerre, dans les usines, seulement des rapports d'individu à individu, c'est-à-dire que le patron ne se retranche plus derrière son droit de traiter avec un ouvrier, ou de fixer avec cet ouvrier des conditions de salaire ou de travail qu'il imposera à l'ensemble des ouvriers d'un atelier ou d'une usine. Nous disons que la classe ouvrière a conquis par son attitude, ses sacrifices dans la guerre, le droit de discuter de collectivité à collectivité, et qu'à l'heure présente, reprenant notre formule d'action directe, nous ne voulons connaître d'autres collectivités que les syndicats ouvriers et les syndicats patronaux. Nous voulons conquérir le droit de régler directement entre syndicats patronaux et ouvriers les conditions de travail et de salaire de la classe ouvrière. Est-ce de la collaboration de classes, cela ? Dire à la classe ouvrière : nous voulons nous rencontrer directement à force égale avec les syndicats patronaux, défendre pied à pied vos droits à l'atelier, à l'usine, toutes vos revendications, est-ce que c'est de la collaboration de classes ? Mais alors autant nier l'organisation, car discuter individuellement son salaire avec le patron, avec le directeur, avec le contremaître ou avec un chef d'équipe, c'est de la collaboration de classes bien plus nuisible à l'ensemble des travailleurs, car ce n'est pas les intérêts généraux de la collectivité qu'en agissant ainsi on défend, c'est son propre et unique intérêt individuel, au détriment de ceux de la collectivité. Voilà la vérité. Voilà ce dont il faut que se pénètre bien la classe ouvrière.

Nous demandons, en résumé, que les contrats collectifs remplacent les contrats individuels. Est-ce quelque chose de nouveau ? Mais, camarades, pendant la guerre, nous avons passé des contrats collectifs dans toute la France. Le bordereau de salaire que les métallurgistes de Corbeil, par exemple, demandent à la Société Decauville de maintenir encore pendant six mois, sans augmentation, a été signé par les représentants de votre Syndicat et le représentant des usines de cette Société. C'est un contrat collectif qui a été signé en votre nom, par vos délégués. Ce jour-là ont-ils fait de la collaboration de classes ? Non, ils ont imposé la reconnaissance la garantie de vos droits et pas autre chose.

LA JOURNÉE DE HUIT HEURES

Que réclamons-nous encore ? La journée de huit heures. Eh bien ! camarades, qui oserait faire un grief à la C. G. T. de poser cette revendication ? On discute, à l'heure actuelle, cette journée de huit heures. Sous peu, un projet de loi va être déposé par le gouvernement, et ce projet de loi prévoit l'application de la journée de huit heures par étapes. Il doit être, en même temps, discuté, après accord avec la C. G. T., à la Conférence de la Paix, pour être inséré dans le traité de paix. Mais j'ajoute qu'à côté de ce projet de la journée de huit heures, un autre projet a les préférences d'un des ministres, celui de la reconstitution industrielle, qui veut le déposer en opposition à la journée de huit heures proprement dite ; son projet prévoit la semaine de 49 heures c'est-à-dire 5 jours à 9 heures, et 4 heures le samedi pour appliquer la semaine anglaise. Et alors je pose immédiatement cette question : « Quel est le véritable intérêt de la classe ouvrière à l'heure actuelle ? » Son véritable intérêt n'est-il pas de défendre le projet de 49 heures par semaine, parce qu'il donne la possibilité en même temps d'appliquer la semaine anglaise et la journée de huit heures là où elle doit être appliquée forcément. Comment les auteurs de cette proposition la justifient-ils ?

Prenons deux exemples les plus typiques : les cheminots, par exemple, et les métallurgistes de la grosse métallurgie peuvent avoir immédiatement, disent-ils, la journée de huit heures, parce que ce sont des services continus, c'est-à-dire qu'on y travaille pendant 24 heures consécutives. Il faudra établir le système des trois équipes et, en conséquence, on ne peut qu'établir la journée de huit heures dans ces établissements et usines à feu continu, ainsi que dans les compagnies de chemin de fer. Toutes les autres industries feraient immédiatement 9 heures et dans deux ou trois ans huit heures et c'est certain, il resterait ensuite un effort à faire pour les 8 heures; mais cet effort, si on est suffisamment organisé, on sera capable de le faire pour imposer la journée de 8 heures dans ces industries. La différence, c'est qu'immédiatement seraient réalisées deux conditions qui apparaissent comme primordiales pour la classe ouvrière dans l'application de la journée de 8 heures. Premier avantage : possibilité d'avoir immédiatement le même salaire que pour 10 heures, 10 h. 1/2 ou 11 heures de travail; deuxième avantage : le samedi, nous appliquerions la semaine anglaise, car nous devons penser aux femmes qui sont dans les ateliers, dans les usines. En effet, ne faut-il pas craindre qu'il y ait des patrons qui disent : « Les femmes travaillant avec les hommes, il n'est pas possible de leur donner la semaine anglaise parce qu'il y a des hommes »? Et alors les hommes feront 48 heures sans la semaine anglaise, au lieu de 49 heures par semaine avec la semaine anglaise. Le principe des 8 heures serait-il abandonné pour cela ? À mon avis, et c'est celui de la Fédération, oui, le principe serait abandonné et il faudrait recommencer une longue lutte pour reconquérir les huit heures sacrifiées à la semaine anglaise et c'est un grave danger.

Cette question est posée : vous devez l'examiner dans votre organisation. Je la signale ici, pour vous montrer les multiples formes sous lesquelles, industriels et gouvernants, posent et examinent la question des huit heures, et parce que j'ai le devoir de vous les faire connaître et de vous mettre en garde contre l'abandon du principe des huit heures.

LA PRODUCTION INTENSIFIÉE

Et maintenant, avant de conclure, une dernière question implicitement contenue dans le programme minimum de la C. G. T. C'est la fameuse formule sur la production et les moyens d'intensifier la production, Je ne veux pas écarter son examen, car vous pourriez croire, certains croiraient que j'ai peur de m'expliquer sur ce point

Que signifie *maximum de production* dans un *minimum de temps pour un maximum de salaire* ?

Cela signifie qu'on utilisera toutes les formes de progrès, toutes les découvertes scientifiques pour diminuer l'effort de l'ouvrier, sa fatigue musculaire, le temps qu'il doit au travail pour atteindre le maximum de production. Etre contre cette formule, c'est déclarer qu'on n'abaissera jamais la journée de travail alors que nous prétendons qu'avec cette formule, on peut l'abaisser davantage, aller en dessous de 8 heures.

Et, ici encore je veux vous citer un passage du discours que Lénine prononçait, en mars 1918, au Congrès panrusse de Moscou. Je vous ai dit tout à l'heure que, parmi les conditions du relèvement de la production, il voyait, l'élévation du degré de discipline des travailleurs, de leur savoir-faire, de la vitesse, de l'intensivité du travail, de sa meilleure organisation. Ces conditions posées, voici en quels termes il s'adressait à l'ouvrier russe :

« Le Russe est un mauvais ouvrier en comparaison des citoyens des nations avancées. Et il n'en pouvait être autrement avec le régime tsariste et l'existence des restes du servage. Apprendre à travailler, voici le problème que le Pouvoir des Soviets doit poser dans toute sa grandeur devant le peuple.

« Le dernier mot du capitalisme sous ce rapport, le système Taylor, comme tous les progrès du capitalisme, unit en soi la férocité raffinée de l'exploitation bourgeoise à une série des plus riches conquêtes scientifiques dans le sens de l'analyse des mouvements mécaniques pendant le travail, de la suppression des mouvements inutiles et maladroits, de l'élaboration des meilleurs systèmes de compte et de contrôle, etc...

« Quoi qu'il lui en coûte, la République des Soviets doit s'assimiler tout ce qui a du prix dans les conquêtes de la science et de la technique dans ce domaine. La réalisation du socialisme sera déterminée précisément par nos succès dans l'union du Pouvoir des Soviets et de l'organisation soviétiste d'administration avec les derniers progrès du capitalisme. Il faut créer en Russie l'étude et l'enseignement du système Taylor, son expérimentation et son adaptation systématique. Il faut tout ensemble, marchant vers le relèvement de la production du travail, calculer les particularités de l'époque transitoire du capitalisme, du socialisme, lesquelles exigent d'une part que soient jetées les bases du système socialiste d'émulation, et exigent d'autre part l'application de la contrainte, afin que le mot de ralliement de « dictature du prolétariat » ne soit pas déshonoré dans la pratique par un état gélatineux du Pouvoir prolétarien. »

Ce que la révolution russe est obligée de s'assimiler dans une période où il est extrêmement difficile de le faire, nous demandons à la classe ouvrière française de ne pas hésiter à l'adopter aujourd'hui et pour son propre avenir. Ce faisant, une fois de plus nous défendons les intérêts de la collectivité, car c'est au nom de ces mêmes intérêts que Lénine pose la question devant tout le prolétariat russe et que nous la posons à la classe ouvrière française.

Je passe sur la question du minimum de salaire dont je vous ai parlé tout à l'heure.

Mais comme vous voyez, camarades, le programme minimum posé par la C. G. T. n'est pas une collaboration de classe, mais une base d'action pour la libération du travail et l'émancipation totale des travailleurs.

D'ailleurs, plus on examinera le programme économique de la C. G. T., plus on s'apercevra qu'il répond véritablement aux aspirations de la classe ouvrière et à l'avenir.

Et que contient-il encore ?

A côté d'autres revendications telles que la lutte contre l'alcoolisme, l'hygiène des usines et publique, etc., tous points sur lesquels notre république démocratique à beaucoup à faire.

Je reviens d'Alsace-Lorraine, et j'ai pu constater qu'au point de vue de l'hygiène, nous sommes très en retard. Il n'est pas exagéré de dire que notre industrie, en regard des mesures d'hygiène et des lois sociales qui existent en Alsace-Lorraine et imposées par le gouvernement impérial allemand, en est encore à la période de 1848 et qu'elle a tout ignoré de ces règles d'hygiène.

C'est aux organisations à réclamer ces réalisations. A vous, travailleurs, à donner aux organisations la puissance nécessaire en y adhérant, en leur donnant votre appui moral, pécuniaire, toute votre confiance. A ce prix, vous ferez aboutir rapidement le programme minimum de la C. G. T., et vous pourrez faire face à tous les événements, quels qu'ils soient, que l'avenir nous prépare. L'union, notre unité est notre seule force: sachons ne pas la sacrifier à nos haines où à nos rancunes personnelles, assez des luttes d'individus contre individus et nous pourrons envisager sans crainte l'avenir, même si nous devions traverser une période révolutionnaire.

A. MERRHEIM,
Secrétaire de la Fédération des Métaux.

Imprimerie GEORGES CADET
7, Rue Cadet. — PARIS (IXe)